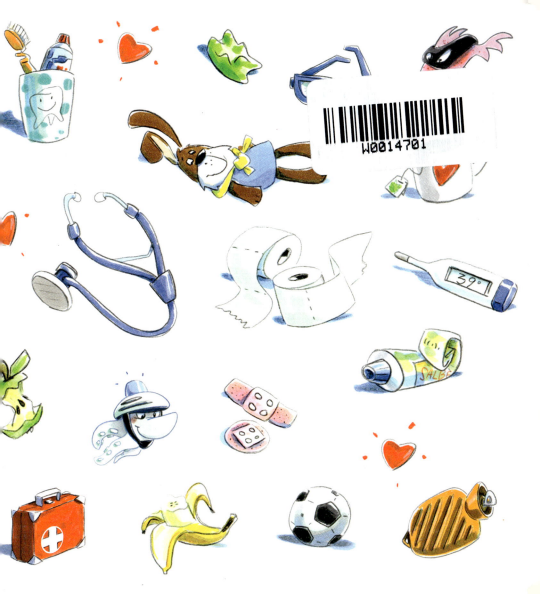

Dieses Maxi-Pixi gehört:

In dieser Maxi-Pixi-Reihe mit Geschichten von **Erwin und Rosi** sind außerdem erschienen:

- Erwin hat Husten
- Rosi hat Bauchschmerzen
- Rosi hat Zahnschmerzen

Maxi-Pixi Nr. 119
1 2 3 4   15 14 13 12
© 2012 Carlsen Verlag GmbH
Lithografie: Margit Dittes Media, Hamburg
Herstellung: Steffen Meier
Druck: AZ Druck und Datentechnik GmbH, Kempten
ISBN 978-3-551-04619-2
Printed in Germany

www.pixi.de

Prof. Dietrich Grönemeyer

Erwin hat sich den Fuß verstaucht

Erwin und Rosi

Das ist **Erwin**.

Und das ist **Rosi**.

Das ist ihr Hund **Kannicke**

Sie sind fünf Jahre alt und Geschwister und haben am gleichen Tag Geburtstag. Richtig: Sie sind Zwillinge!

Hier siehst du den „**Doc**". Zu ihm gehen Rosi und Erwin, wenn ihnen etwas wehtut oder wenn sie wichtige Fragen über ihren Körper haben.

Erwin und Rosi spielen mit ihren Freunden auf dem Bolzplatz Fußball, noch steht es null zu null, doch da kommt Erwin angesaust, er steht frei vor dem Tor und will gerade zum Schuss ansetzen, da knickt er plötzlich mit dem Fuß um. „Aua! Au", schreit Erwin wie verrückt.

Aua! Au!

Besorgt laufen Rosi und die anderen Kinder zu Erwin.
„Was ist los?", will seine Schwester wissen. „Alles gut?"
„Nein, so ein Mist, jetzt hab ich das Tor verpasst.
Wir hätten gewinnen können!", jammert Erwin und
schluchzt.
Auch Kannickel, der bislang aufmerksam dem hin und
her fliegenden Ball zugeschaut hat, flitzt aufs Spielfeld
und kuschelt sich tröstend an Erwin.

Vorsichtig krempelt Rosi Erwins Schienbeinschoner herunter.
"Boah, das sieht aber gar nicht gut aus." Fachmännisch betrachtet sie Erwins Knöchel. "Ich glaube, du musst unbedingt zum Doc!"
Tatsächlich, Erwins Knöchel ist schon dick geschwollen und ganz blau. "Nein", schreit Erwin, "nein, ich will weiterspielen! Ich will, dass wir gewinnen!"
"Papperlapapp, mit dem Fuß gewinnst du überhaupt nichts mehr – und sowieso hätte meine Mannschaft gewonnen!", grinst Rosi frech.

Mit vereinten Kräften heben Rosi und die anderen Kinder Erwin hoch. „Das wäre aber zu blöd, wenn der Fuß jetzt gebrochen wäre." Erwin ist verzweifelt. „Wo wir doch nächste Woche das große Fußballturnier haben. Ohne mich gewinnt ihr doch nie!"
Genervt rollt Rosi mit den Augen. „Du oller Angeber! Nun jammer mal nicht so rum. Lass uns lieber schnell zum Doc gehen, damit er sich deinen Fuß anschauen kann."
Zum Glück hat der Doc seine Praxis gleich um die Ecke.

„Hallo, Erwin, hallo, Rosi!", begrüßt die freundliche Arzthelferin die Kinder. „Was ist denn passiert?" Völlig aus der Puste berichtet Rosi, was geschehen ist. „Na, das hört sich ja gar nicht gut an, aber der Doktor guckt sich das gleich mal an und kann dir sicher helfen. Setzt euch doch bitte noch ein bisschen ins Wartezimmer. Ich rufe euch, wenn ihr an der Reihe seid.
Im Wartezimmer ist ganz schön was los. „Puh", stöhnt Erwin. „Hoffentlich müssen wir nicht so lange warten."

Schon kurz darauf wird Erwin ins Behandlungszimmer gerufen. Rosi darf mit rein. Erwin soll sich schon mal auf die Untersuchungsliege setzen. Da geht die Tür auf und ein vertrautes Gesicht erscheint.

„Na, mein Lieber, was machst du denn für Sachen?", fragt der Doc und schaut sich behutsam Erwins dicken Fuß an. „Hmmm, ich glaube, da ist irgendwas angerissen. Das muss ich mir mal genauer ansehen. Und zwar damit." Er zeigte auf ein weißes Gerät, das in der Ecke des Zimmers steht. „Was ist das denn?", will Rosi wissen.

Das ist mein Ultraschallgerät.

Damit kann ich auch unter die Haut sehen.

Der Arzt schmiert Erwins Fuß mit einer Feuchtigkeitscreme ein. „Iiiihh!", schreit Erwin. „Das ist kalt." Doch der Doktor lässt sich nicht beirren und führt vorsichtig den Ultraschallkopf über Erwins Fuß. „Sieh mal, Erwin, hier siehst du deinen Fuß von innen und hier siehst du, dass ganz viel Blut unter die Haut gelaufen ist. Alle Sehnen und Bänder sind noch intakt. Du hast dir deinen Fuß nur verstaucht."

„Dann kann ich also gleich wieder Fußball spielen?" Erwin schaut den Doc erwartungsvoll an.

„Nein, nein – so schnell geht das leider nicht", antwortet der. „Wir kühlen jetzt deinen Fuß und dann musst du eine Zeit lang deinen Fuß ruhigstellen. In ein paar Wochen ist er aber wieder wie neu."

„In ein paar Wochen!!!" Erwin ist empört.

„Schau", sagt der Doc ruhig. „Ich erklär euch das mal."

Der Doc zeigt auf ein Poster an der Wand. „Hier ist der Knöchel, wo Fuß und Bein sich berühren. Die Knochen bilden ein Gelenk mit einer Kapsel, das wie ein Scharnier funktioniert."
„Wie bei einer Tür?", fragt Rosi erstaunt.
Der Doc fährt fort: „Ja, so ähnlich. Wenn du das Gelenk verstauchst, das heißt umknickst, dann kann Blut reinfließen und manchmal kann dabei das Gelenk verletzt werden."

Der Doc drückt vorsichtig auf den Knöchel. „Deshalb hier der Bluterguss!"
„Auuu, lass das!", schreit Erwin entsetzt.
„Oh, Verzeihung!", entschuldigt sich der Doc schnell.
„Wieso Blut?", will Rosi wissen.
„Blutgefäße sorgen dafür, dass die Muskeln und Sehnen durchblutet werden. Und wenn die reißen, fließt Blut ins Gewebe. Das schwillt dann an wie ein Luftballon, den du aufpustest."

Der Doktor legt Erwin zwei Schienen an. „Was sind das für komische Dinger?", fragt Rosi. „Das sind Luftschienen, die legt man um den verstauchten Fuß, um ihn damit zu stützen", erklärt der Doc. „Hurra, dann auf zum Fußball", ruft Erwin. Kannickel wufft zustimmend.

„Mach keinen Blödsinn, junger Mann. Bein hochlegen, ständig kühlen und abwarten. Morgens und abends die Arnikasalbe drauf."

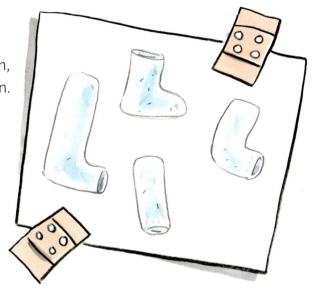

Der Doc drückt ihm eine übergroße Tube in die Hand. „Und nächste Woche zur Kontrolle. Nicht auftreten! Hier sind deine Gehstützen."
Erwin lässt den Kopf hängen und humpelt hinaus.

„Und jetzt?", fragen die Freunde.
„Na, auf zum Bolzplatz!", grinst Erwin.
„Ihr spielt und ich bin euer Trainer.
Wäre doch gelacht, wenn wir
das Spiel nächste Woche
nicht gewinnen!"

Unsere Knochen

Ein erwachsener Mensch hat ungefähr 200 Knochen. Der größte ist der Oberschenkelknochen, der kleinste der Steigbügel im Ohr. Diese Knochen sind durchblutet und wachsen mit, bis du groß bist. Ist ein Knochen gebrochen, kann er wieder zusammenwachsen.

Von Kopf bis Fuß

Erwin und Rosi wollen alles wissen:
Wie sind wir auf die Welt gekommen?
Wozu brauchen wir Knochen? Was passiert mit dem Gummibärchen in meinem Bauch? Was sind Bazillen und warum werden wir manchmal krank?
Wie gut, dass sie den Doc – alias Professor Grönemeyer – haben, denn er kann ihnen alle ihre Fragen beantworten, zeigt ihnen, wie unser Körper funktioniert und warum wir alle einmalig sind.

Prof. Dietrich Grönemeyer
Mein großes Buch vom Körper mit Erwin und Rosi
€ (D) 12,90 | € (A) 13,30 | sFr 18,90
ISBN 978-3-551-25010-0

www.pixi.de

Prof. Dietrich Grönemeyer – Schöpfer des „kleinen Medicus" – gehört zu den bekanntesten Ärzten in Deutschland. Ob Mikrotherapie oder Naturmedizin, ihm geht es um unsere Gesundheit und besonders um die unserer Kinder. Seit Jahren plädiert er für einen Gesundheitsunterricht an unseren Schulen und erklärt als Gastredner im Rahmen der Kinderuniversitäten, wie zum Beispiel die Pommes in den Magen kommen.